똥뫼산에 사는 여우

by 서영수

score

동요는 마법사입니다. 잿빛 같은 마음을 파란 마음으로 바꾸는 요술을 부립니다. 「고향땅」을 노래하면 가슴이 설레고, 「반달」은 어린 시절의 이야기를 눈앞에 펼쳐놓습니다.

꿈을 심는 동요, 천사의 노래를 만들고 싶습니다. 「나뭇잎 배」, 「오빠 생각」, 「따오기」, 「고향의 봄」, 「아기염소」, 「하늘나라 동화」, 「섬 집 아기」와 같은 동요를 만들고 싶은 것입니다. 마음이 쓸쓸할 때면 「바닷가에서」를 노래하고, 서쪽하늘이 빨갛게 물들기 시작하면 「노을」을 부르면서 아름다운 꿈을 꾸기를 바라는 것입니다.

어린이들의 맘에 들었으면 좋겠습니다. 27편의 노래가 많은 아이들로부터 사랑받기를 원합니다. 수없이 지우고, 쓰기를 반복한 것은 자연과 예술을 사랑하고, 풍부한 정서를 함양하여 영혼이 맑아지기를 바라는 까닭입니다.

멋진 동시를 지어주신 성선경 시인께 감사의 말씀을 올립니다. 동요집 『똥뫼산에 사는 여우』가 세상에 나올 수 있게 해 주신 최우진 사장님께도 고마운 마음을 전합니다. 악곡을 들어주고 반주를 만드는데 조언해주신 황정환, 이창욱 선생, 음악의 벗 홍창표 장학사와 이주영선생, 아내에게도 지면을 빌어 감사의 말씀을 전하고 싶습니다.

사랑합니다.

작곡자 **서영수**

 차례

일러두기

1. 이 책을 구입한 어린이는 악보와 반주음악(MR, Music Recorded)을 이용하여 자유롭게 노래할 수 있습니다.

2. '피아노 반주음악'과 '오케스트라 반주음악'은 아래의 카페에 있습니다.
http://cafe.naver.com/CCSong(동요나라 똥뫼산에 사는 여우)

3. 악보는 음악의 언어이며, 노래는 악보해석의 결과물입니다. 따라서 악보에는 셈여림 기호를 표기하지 않았습니다. 노래 부르는 사람마다 해석을 달리할 수 있겠지만, 가사와 가락 속에서 시인과 작곡가의 마음을 읽어낼 수 있기 때문입니다.

4. 악곡과 반주음악(MR)에 대한 저작권은 작곡가에게 있습니다.

가스레인지 놓을 땐

가스폭발로 어린이들이 다치거나 생명을 잃는 현실이 안타까웠습니다.
가스안전에 대한 경각심을 심어주는 것이 좋을 것이라 생각했습니다.
노랫말과 가락을 단순하게 만들려고 노력했습니다.
안전한 세상을 만드는 것은 어른들의 몫입니다.

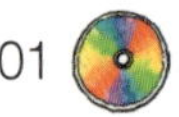

가스레인지 놓을 땐

서영수 작사 | 서영수 작곡

악곡의 특징

- 조성 : 다장조 ·박자 : 4분의 2박자 ·빠르기 : 조금 빠르게 ·악곡의 형식 : 16마디로 된 두도막 형식

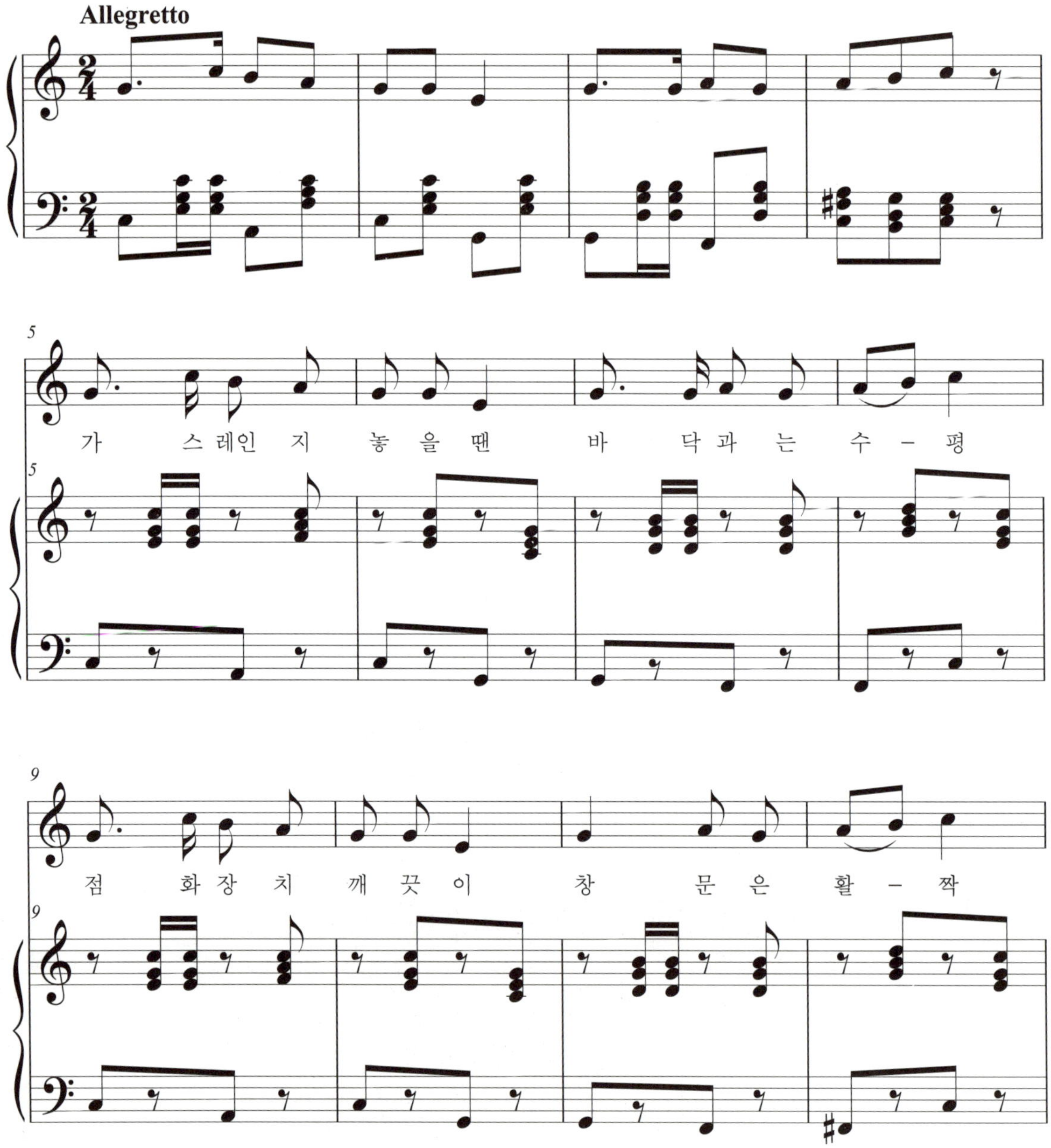

작곡가가 들려주는 이야기

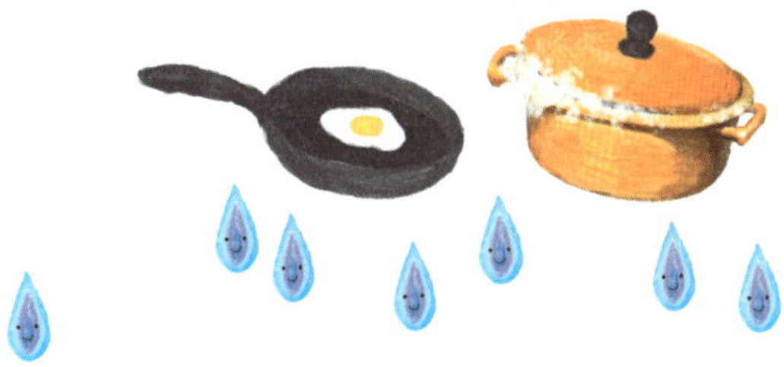

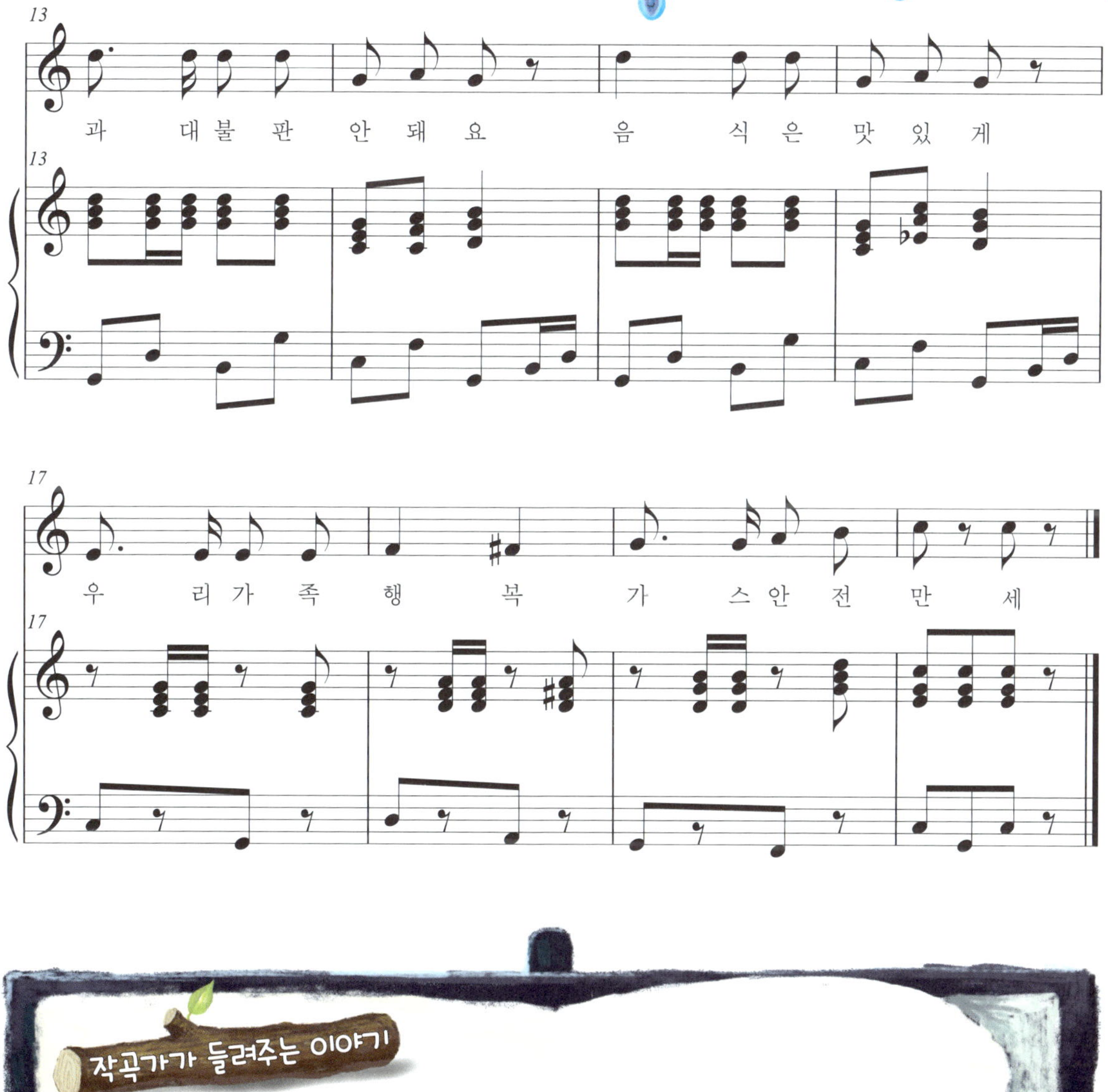

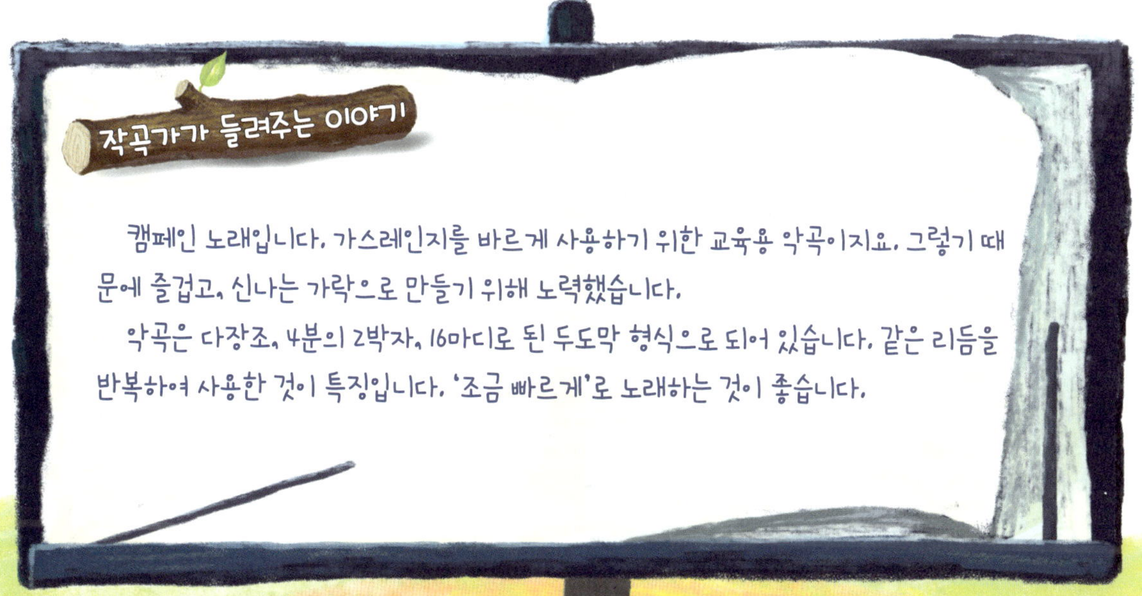

캠페인 노래입니다. 가스레인지를 바르게 사용하기 위한 교육용 악곡이지요. 그렇기 때문에 즐겁고, 신나는 가락으로 만들기 위해 노력했습니다.

악곡은 다장조, 4분의 2박자, 16마디로 된 두도막 형식으로 되어 있습니다. 같은 리듬을 반복하여 사용한 것이 특징입니다. '조금 빠르게'로 노래하는 것이 좋습니다.

개망초

개망초꽃은 참 예쁘기만 한데요
이름이 어째 참 촌스럽지요
예쁜 얼굴의 우리 누나가
나를 업고 들길을 걸으며 불러주던 자장가가 생각이 나요
그 들길에도 개망초꽃이 피어 있었지요.

개망초

성선경 작사 | 서영수 작곡

악곡의 특징

· **조성** : 다장조   · **박자** : 8분의 6박자   · **빠르기** : 조금 느리게   · **악곡의 형식** : 16마디로 된 두도막 형식

Andantino

희 고 노 란 색 깔 이   예쁘기만한데 도 —
끼 니 빨 래 한 아 름   앞치마를적셔 도 —
서 룬 이 름 개 망 초   개 망 초 꽃 피 었 네 —
서 룬 이 름 개 망 초   개 망 초 꽃 피 었 네 —

작곡가가 들려주는 이야기

산에, 들에 흐드러지게 핀 개망초를 국화라고 불렀던 기억이 생생합니다. 아마도
어린 눈에 비쳤던 개망초가 국화와 비슷하게 생겼던 것이겠지요.
시인의 희고, 노란 개망초에서 꽁보리밥과 된장국이 전부였던 시절을 떠올립니다.
그 어려운 시절을 회상하며 가락을 만들었습니다. 다장조, 8분의6박자, 16마디로 된
두도막 형식의 단순한 가락이지만 그 속에서는 그리움과 애환이 담겨 있답니다

겨울 눈썹달

겨울 눈썹달은 얼음으로 만들어졌나 봐요.
겨울 왕자님이 살고 있는 달나라는 쳐다만 봐도 손이 시려요.
그래도 추운 겨울을 보내는
가난한 성냥팔이 소녀에게는 언제나 등대가 되어주지요.
꼬마 별들을 거느리고 하늘 지도를 펼쳐
우리들의 길을 가리켜주지요.
어둔 밤하늘의 등대 같아요.
반짝반짝 항로를 알려주는 등대 같아요.
등대의 불빛은 자신을 비추는 것이 아니라,
항로를 잃은 배들의 길을 밝혀주지요.

겨울 눈썹달

성선경 작사 | 서영수 작곡

악곡의 특징

· **조성** : 다장조　· **박자** : 4분의 4박자　· **빠르기** : 보통 빠르게　· **악곡의 형식** : 24마디로 된 세도막 형식

Moderato

얼음으로만들은 꼬마등대같아서 어둔하늘가운데 홀 로 서 - 서
겨울나라얼음은 꼬마등대같아서 어둔하늘가운데 홀 로 서 - 서
얼음나라지키는 꼬마병정놀이에 하늘나라별들을 거 느 리 고서
겨울나라지키는 꼬마병정놀이에 얼음나라별들을 거 느 리 고서
별빛으로길가는 어린왕자님들을 여 기에서저기로 길 가 리 키 며
별빛으로길가는 어린공주님들을 여 기에서저기로 길 가 르 키 며

가 만 가 만 흘 리 는 성 냥 팔 이 소 녀 의 눈 물 닦 아 주 네 요 홀 로 서 - 서
가 만 가 만 흘 리 는 성 냥 팔 이 소 녀 의 눈 물 닦 아 주 네 요 홀 로 서 - 서

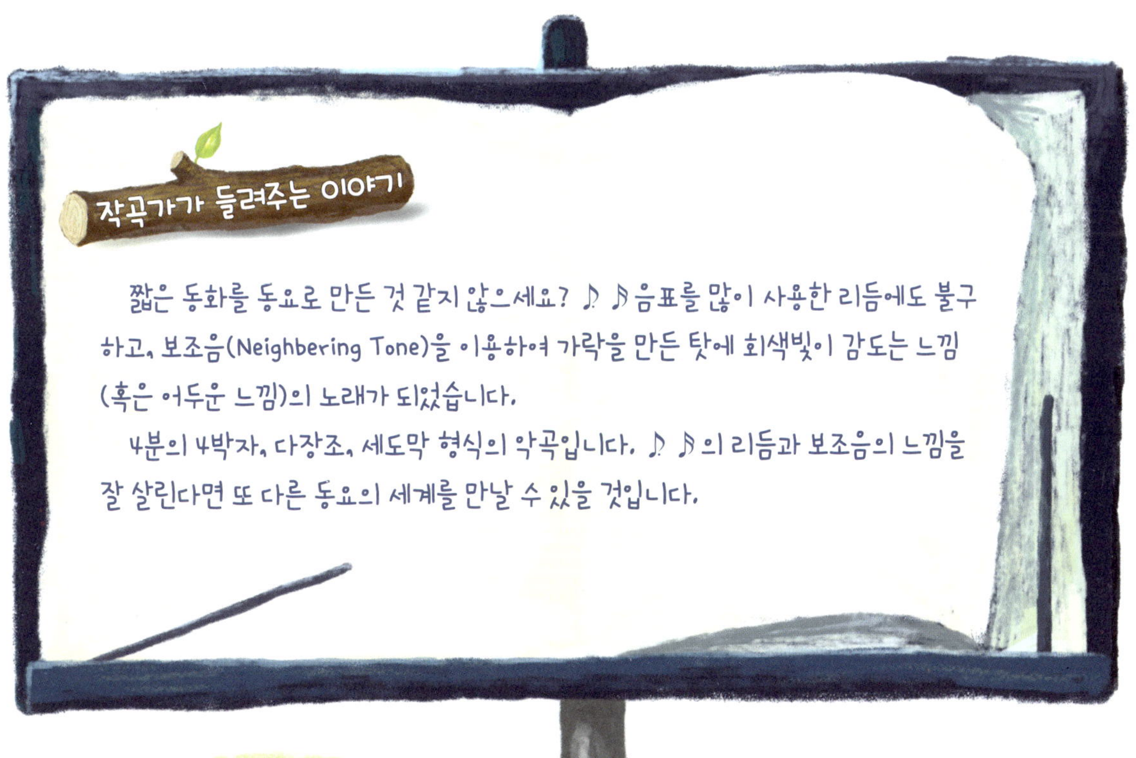
작곡가가 들려주는 이야기

짧은 동화를 동요로 만든 것 같지 않으세요? ♪♫음표를 많이 사용한 리듬에도 불구하고, 보조음(Neighbering Tone)을 이용하여 가락을 만든 탓에 회색빛이 감도는 느낌(혹은 어두운 느낌)의 노래가 되었습니다.
4분의 4박자, 다장조, 세도막 형식의 악곡입니다. ♪♫의 리듬과 보조음의 느낌을 잘 살린다면 또 다른 동요의 세계를 만날 수 있을 것입니다.

굴렁쇠

둥근 것은 잘 굴러가지요.
굴렁쇠도 둥근 모양이지요.
둥근 것들이 없으면, 세상은 어떻게 될까요?
자동차 바퀴도 둥글고 시계의 톱니바퀴도 둥글지요.
둥근 것들이 이 세상을 돌아가게 합니다.

04

굴렁쇠

성선경 작사 | 서영수 작곡

악곡의 특징
- **조성** : 다장조   **박자** : 4분의 2박자   **빠르기** : 조금 빠르게   **악곡의 형식** : 16마디로 된 두도막 형식

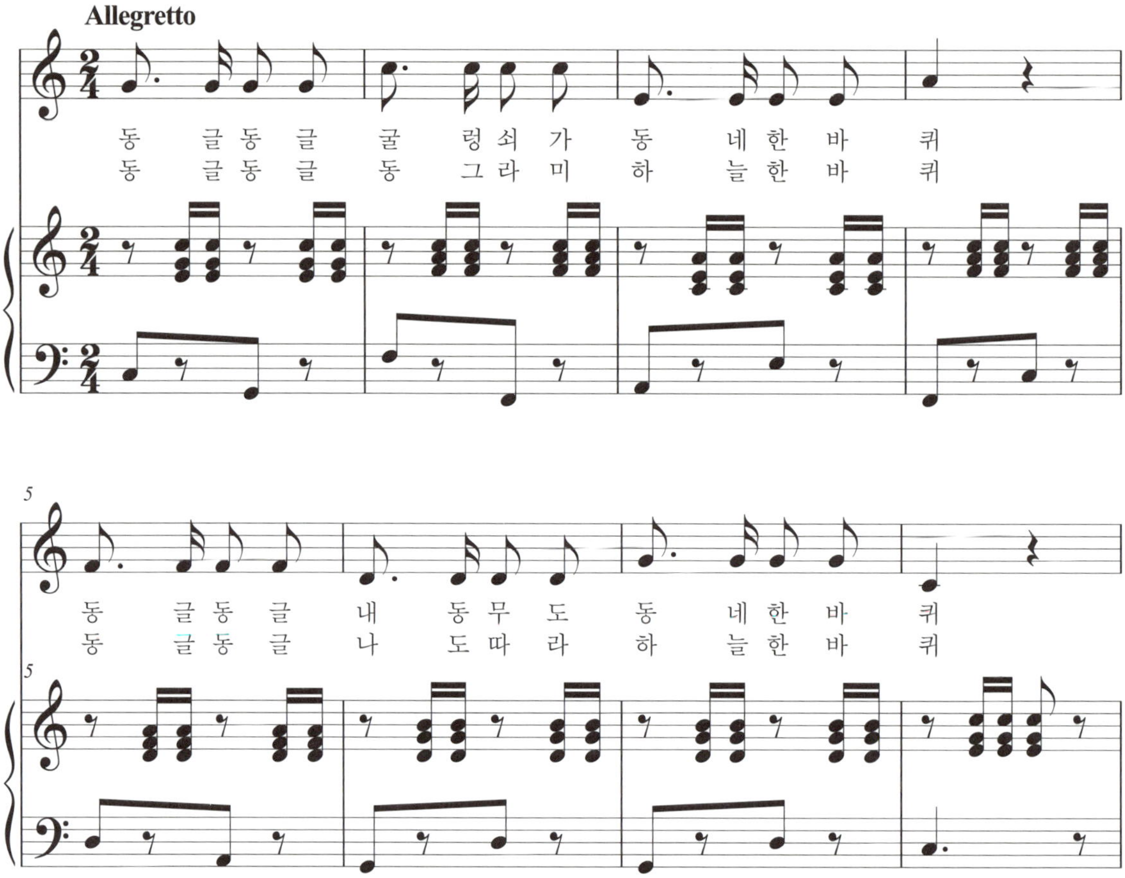

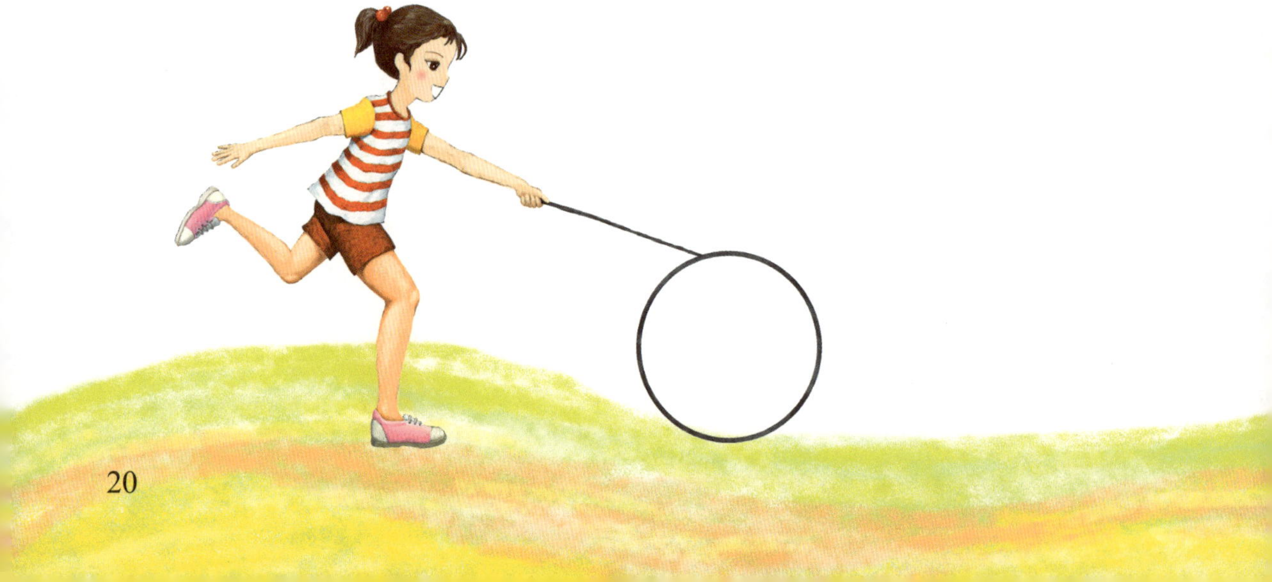

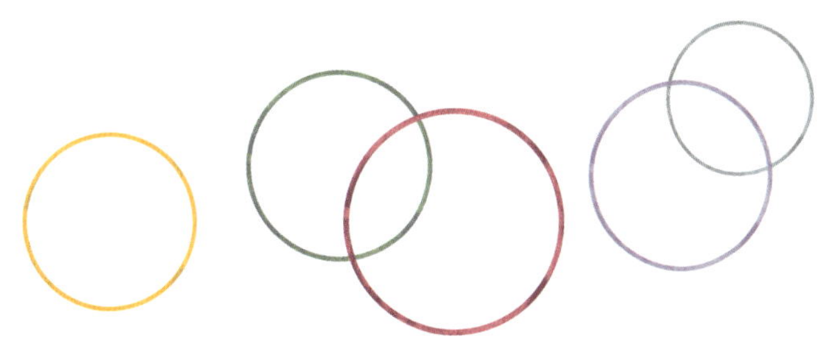

작곡가가 들려주는 이야기

굴렁쇠를 굴리며 골목길을 누비던 때가 떠올랐습니다. 그 때의 생생한 기억을 재미있고 신나게 표현하고 싶었습니다.

다장조, 4분의 2박자, 16마디로 된 두도막 형식의 악곡입니다. 초등학교 저학년생도 쉽게 노래 부를 수 있도록 음역을 넓게 잡지 않았습니다. 리듬은 단순화시켰는데 ♪♪♪♪을 12번이나 반복하여 사용하고 있습니다.

까치집

새들이 사는 집을 우리는 둥지라고 부릅니다.
그런데 유독 까치와 제비는 집이라고 불러요.
까치집은 가난한 선비들의 집을 생각하게 하고
제비집은 아늑한 살림집을 떠올리게 하지요.
그런데 까치집은 미루나무 끝에서 참 외로워 보여요.

05

까치집

성선경 작사 | 서영수 작곡

악곡의 특징
· **조성** : 내림나장조   · **박자** : 8분의 6박자   · **빠르기** : 느리게   · **악곡의 형식** : 24마디로 된 세도막 형식

Andante

머리숙여 걷는새 한숨만쉬 ― 는 ―
아빠까치 하 루는 근심이가 ― 득 ―
보름달을 보면서 달빛을뜨 ― 면 ―

작곡가가 들려주는 이야기

　　도시는 높다란 빌딩들이 숲을 만들었습니다. 도로에는 수많은 차량들이 눈을 현란하게 하고 백화점에는 고가의 수입용품들이 저마다의 자태를 뽐내고 있습니다. 하지만 우리 주변에는 아직도 까치집처럼 하늘과 맞닿은 곳에 사는 사람이 많습니다. 끼니를 걱정하고, 밀린 월세와 각종 세금에 어려움을 호소하는 사람이 적지 않다고 합니다.

　　오늘밤도 아빠의 마음은 무겁습니다. 걱정이 가슴을 짓누르고, 휘영청 밝은 달을 바라보면 저절로 한숨이 나올지 모릅니다. 내림나장조, 8분의 6박자, 24마디로 된 세도막 형식의 악곡 속에서 어렵게 사는 이웃을 생각하는 마음을 가졌으면 좋겠습니다. 사람을 불쌍하게 여기는 착한 마음이야 말로 우리들이 가져야 할 덕목이라 생각합니다.

동무생각

초등학교 오학년이었지요.
아버지의 직장을 따라 전학을 온 동무가 있었어요.
언제나 말이 없이 그림을 그렸어요.
색연필로 그림을 그렸어요.
아마도 두고 온 동무생각이 나서 그랬을 것 같아요.

동무생각

성선경 작사 │ 서영수 작곡

· **조성** : 라장조→라단조　· **박자** : 6/8박자 → 9/8박자 → 6/8박자 → 9/8박자　· **빠르기** : 느리게　· **악곡의 형식** : 16마디로 된 두도막 형식

작곡가가 들려주는 이야기

　악보는 단순하게 보일지 모르지만 노래 부르기에는 조금 까다로울 수 있습니다. 조성과 박자가 바뀌고, 리타르단도(rit.)와 늘임표(□)에 의해 빠르기의 변화가 있기 때문입니다.

　네 번째 마디의 리타르단도(점점 느리게)는 너무 늘어지지 않도록 노래해야 합니다. 여덟 번째 마디와 마지막 마디의 리타르단도와 늘임표(음의 길이를 2~3배 늘여서)는 약간 길게 처리하여 여운을 주는 것이 좋습니다.

　조성은 라장조로 시작하였으나 같은 으뜸음조인 라단조로 끝을 맺습니다. 노래를 듣는 이에게 동무를 그리는 간절한 마음을 전해야 했으니까요.

또래 친구

또래 친구들은 참 개구쟁이였어요.
이름을 부르기보다 별명을 주로 불렀어요.
키가 크면 키다리, 몸이 야윈 친구는 빼빼로
곧잘 삐치기도 하고요.
곧잘 마음을 풀고 웃기도 했지요.

07

또래 친구

성선경 작사 | 서영수 작곡

악곡의 특징
· 조성 : 내림나장조 · 박자 : 4분의 4박자 · 빠르기 : 조금 빠르게 · 악곡의 형식 : 16마디로 된 두도막 형식

작곡가가 들려주는 이야기

딱지치기를 하던 그 겨울날이 생각납니다. 자치기, 강통차기, 말놀이를 하던 친구를 그리며 노래를 만들었습니다. 어린이들이 즐겁게 뛰어놀고, 튼튼하게 자라기를 바라는 마음도 담겨 있습니다.

내림나장조, 4분의 4박자, 두도막 형식의 악곡입니다. 당김음을 사용하여 만든 쉬운 가락은 즐겁게 노래하게 합니다. 공부도 중요하지만 친구와 함께 노래하는 것도 좋은 추억을 만드는 것입니다.

똥뫼산에 사는 여우

내가 살던 고향엔 똥뫼산이 있었지요.
밤에는 백년 먹은 여우가 나와
밤길 가는 사람들을 홀리기도 한댔어요.
그래서 늦은 밤이면 여러 사람이 모여서
산을 넘곤 했지요.

08

똥뫼산에 사는 여우

성선경 작사 | 서영수 작곡

악곡의 특징

- **조성** : 내림나장조 **박자** : 4분의 4박자 **빠르기** : 보통 빠르게 **악곡의 형식** : 24마디로 된 세도막 형식

사 흘 에 여 드 레 파 장 꾼 따 - 라
옛 고 개 넘 을 - 때 발 자 국 따 - 라
파 란 사 과 줄 까 -   빨 간 사 과 줄 까 -
나 를 따 라 와 봐 -   마 음 홀 리 면 서 -
사 흘 에 여 드 레 향 교 고 개 너 - 머 - 서
도 깨 비 귀 신 불 모 두 함 께 데 - 리 - 고

작곡가가 들려주는 이야기

이름도 재미난 똥뫼산에 꼬리가 아홉 개 달린 여우가 살았답니다. 장날이면 장꾼에게 "빨간 사과줄까, 파란 사과줄까" 하면서 장난을 걸었다네요. 그런데 그 여우가 무섭지 않은 것은 무슨 까닭일까요. 오히려 익살스럽고, 귀여운 여우의 모습이 떠오르면서 미소가 지어집니다. 어떤 흥미진진한지 이야기가 펼쳐질지 궁금하기 짝이 없습니다.

다장조, 4분의 4박자, 24마디로 된 세도막 형식의 악곡입니다.

먹개구리 노래하는 밤

개구리 노래소리는 처음 한글을 배우는 초등학생 목소리 같아요.
가갸 거겨 고교 구규 목청껏 외우고 있지요.
얼른 얼른 글을 배워서
아버지께 심청전도 읽어드리고
어머니께 춘향전도 읽어드리고.

09

먹개구리 노래하는 밤

성선경 작사 | 서영수 작곡

· **조성** : 내림마장조   · **박자** : 8분의 6박자   · **빠르기** : 느리게   · **악곡의 형식** : 24마디로 된 두도막 형식

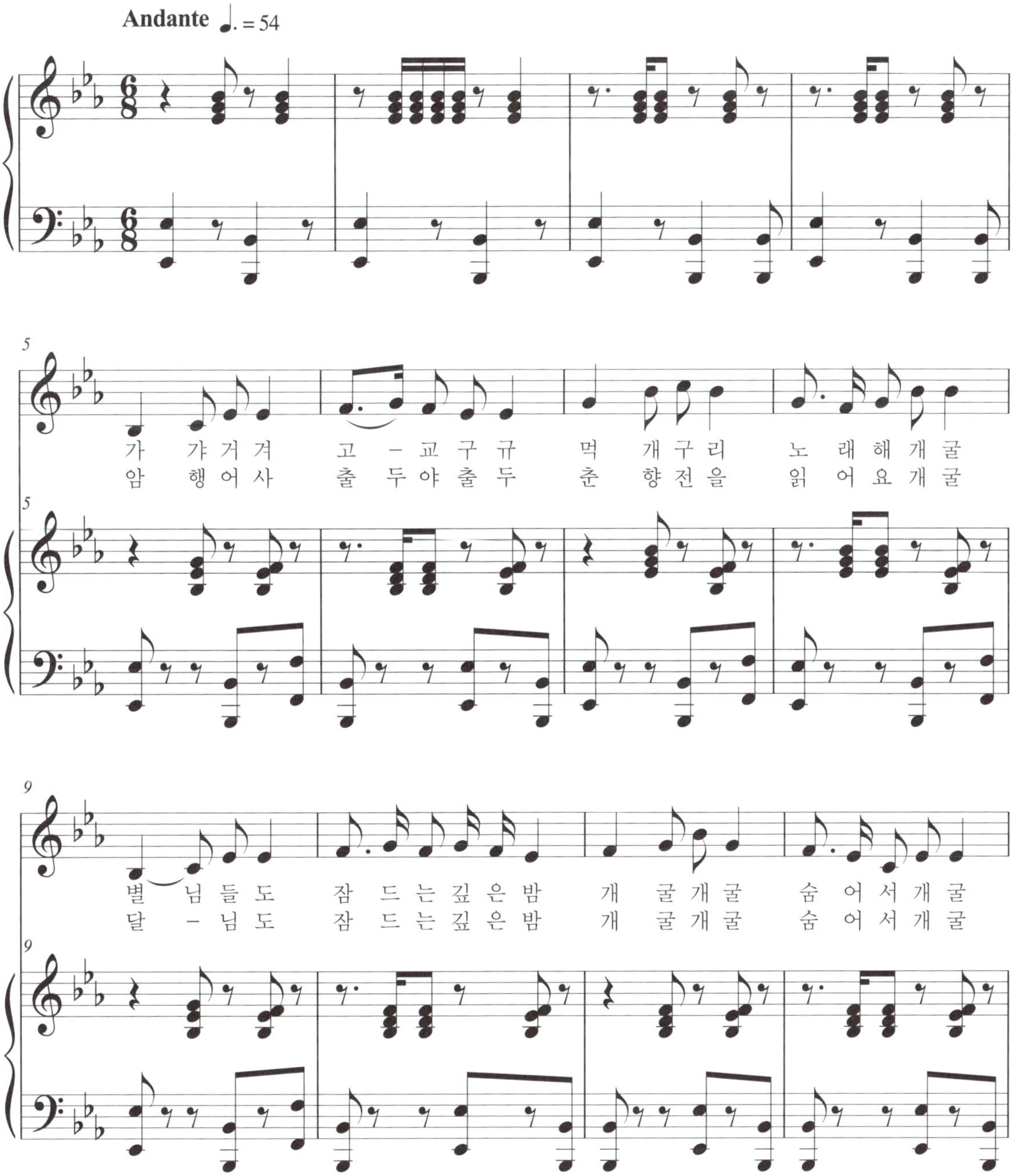

이 제한글 깨 우쳤다고 개 굴개굴 숨 어서개굴
이 제한글 깨 우쳤다고 개 굴개굴 숨 어서개굴
밤 새도록 소 리높여노래 개 굴개굴 목 청껏개굴
밤 이늦어 새 꽃대피웠다 피 웠다고 목 청껏개굴
눈 먼 — 아비 — 들 으라고 머 리맡에서
연 잎 — 가만 — 귀 기우려 듣 는별아래

작곡가가 들려주는 이야기

'가갸거겨 고교구규.' 먹개구리가 한글을 깨우쳤나 봐요. 글을 읽는 소리가 우렁찹니다. 눈 어둔 아버지에게 재미난 심청의 이야기를 들려드리는 것이겠지요.

내림마장조, 8분의 6박자, 24마디로 된 두도막 형식의 악곡입니다. 피아노와 장구가 연주하는 국악장단에 맞추어 노래하노라면 저절로 어깨춤이 덩실덩실 추이겠지요.

배추쌈

배추쌈은 쌈 중엔 으뜸이지요.
아삭아삭 달콤한 것이
한입 가득 우물거리면 웃음이 나요.
볼이 미어터지도록 우물거리면
웃음이 나와도 웃질 못하지요.

배추쌈

10

성선경 작사 | 서영수 작곡

악곡의 특징
 · **조성** : 다장조　· **박자** : 4분의 4박자　· **빠르기** : 조금 빠르게　· **악곡의 형식** : 24마디로 된 세도막 형식

Allegretto

나 - 는야 두볼이 미 어터 질 - 듯
웃 - 지 도 못하 고 말 도하지못 하 고
엄 - 마 도 누 - 나 도 한입가득우물거리 고

작곡가가 들려주는 이야기

가사가 재미있습니다. 배추쌈에 미어터질 듯한 입 모양을 상상하자 웃음이 멈추지 않습니다. 당장에 노래를 만들어야 되겠다는 생각이 들었답니다.

다장조, 4분의 4박자, 24마디로 이루어진 세도막 형식의 악곡입니다. 당김음을 사용한 신나는 가락과 반주 리듬에 맞춰 노래를 하노라면 소화가 저절로 될 것입니다.

비익조

비익조라는 상상의 새가 있어요.
암수가 각각 한쪽 날개만 가졌데요.
그래서 하늘을 날 때에는
암수가 서로를 꼭 붙들고 날았데요.
암수가 서로 떨어져 있으면 날 수가 없데요.

11

비익조

성선경 작사 | 서영수 작곡

악곡의 특징
· **조성**: 바장조　· **박자**: 4분의 4박자　· **빠르기**: 느리게　· **악곡의 형식**: 24마디로 된 세도막 형식

과 북녘 우리 함께라야 저하늘 날 아갈수있어요 그 래
과 북녘 우리 힘을 모아 통일된 조 국 만들어봐요 빛 나
야 우리 통일 민 족 만들수가 있 어 요 우
는 민족 오천 년 의 역사 가 되 어 요 우
리 는 지 금 서 로 를 만나야해요 하
리 는 지 금 서 로 를 만나야해요 하
rit.
a tempo

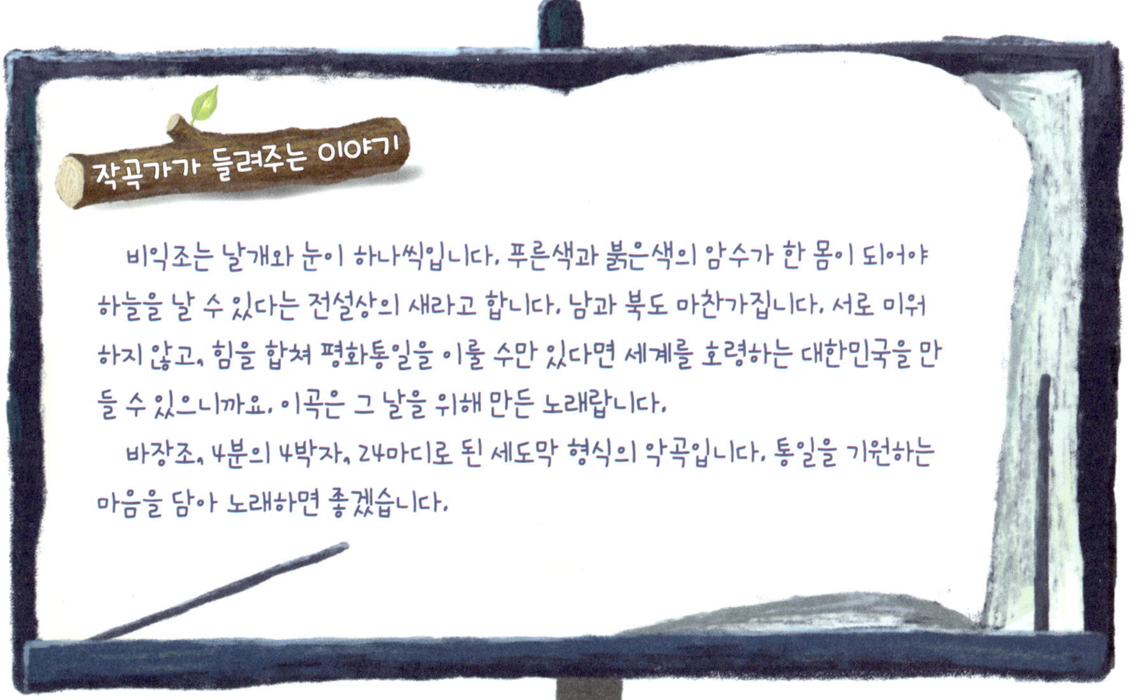

비익조는 날개와 눈이 하나씩입니다. 푸른색과 붉은색의 암수가 한 몸이 되어야 하늘을 날 수 있다는 전설상의 새라고 합니다. 남과 북도 마찬가집니다. 서로 미워하지 않고, 힘을 합쳐 평화통일을 이룰 수만 있다면 세계를 호령하는 대한민국을 만들 수 있으니까요. 이곡은 그 날을 위해 만든 노래랍니다.

바장조, 4분의 4박자, 24마디로 된 세도막 형식의 악곡입니다. 통일을 기원하는 마음을 담아 노래하면 좋겠습니다.

석류

할머니집 뒤란에는 석류나무가 있었어요.
할머니만큼 나이를 먹어 둥치가 굵었어요.
할머니는 그 예쁜 석류를
내가 착한 일을 했을 때만 따 주지요.
아이고, 착한 내 새끼 하며 하나 따 주지요.

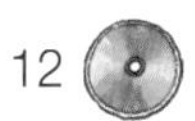

석류

성선경 작사 | 서영수 작곡

악곡의 특징

· 조성 : 다장조　· 박자 : $\frac{4}{4}$박자 → $\frac{2}{4}$박자 → $\frac{4}{4}$박자　· 빠르기 : 보통 빠르게　· 악곡의 형식 : 24마디로 된 세도막 형식

다 음 날 다 시 보 니 벌 어 졌 어 요
하 룻 밤 자 고 나 니 벌 어 졌 어 요
누 가 와 남 － 몰 래 만 졌 나 봐 요
누 가 와 남 － 몰 래 만 졌 나 봐 요
해 님 이 몰 래 와 서 쓰 다 듬 다 － 가 는
달 님 이 몰 래 와 서 탐 을 내 다 － 가 는

작곡가가 들려주는 이야기

율곡이 3살 때입니다. 외할머니 등에 업혀 골목길을 나오는데 이웃집 담벼락에 석류가 빨갛게 달린 것을 보았답니다. 그 모습에 감동을 받아 다음과 같은 시를 지었다고 하네요.

"석류피리쇄홍주(石榴皮裏碎紅珠, 석류 껍질 안에 빨간 구슬들이 부서져 있네)"

시인의 재치와 유머도 기발합니다. 석류가 붉어지는 것은 빨간 태양빛을 받았기 때문이고, 껍질이 벌어지는 것은 해님의 손길에 놀란 탓이랍니다.

다장조, 4분의 4박자, 24마디의 세도막 형식의 악곡입니다. 아홉 번째 마디부터 열여섯 번째 마디까지는 4분의 4박자에서 4분의 2박자로 바뀌었습니다.

소라 고동

뭍에 사는 동무는 손나발을 불고요
바닷가의 동무는 소라 고동을 불지요.
소라 고동을 불면 뱃고동 소리가 나지요.
그리운 사람이 배를 타고 나를 찾아 올 것 같아요.
파도처럼 그리운 얼굴이 스르르 다가오지요.

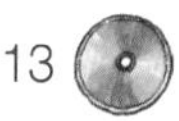

소라 고동

성선경 작사 | 서영수 작곡

악곡의 특징

· 조성 : 라장조   · 박자 : 4분의 4박자   · 빠르기 : 느리게   · 악곡의 형식 : 24마디로 된 세도막 형식

무 가 - 그 리 워 서 하 염 없 이 - 나 발 분 다 나 처 럼
산 이 - 그 리 워 서 하 염 없 이 - 나 발 분 다 나 처 럼
너 도 - 보 고 싶 니 그 리 워 나 발 부 는 데 - 쓸
너 도 - 보 고 싶 니 그 리 워 나 발 부 는 데 - 쓸
쓸 히 - 노 을 지 는 바 닷 - - 가 에 - 서 바
쓸 히 - 노 을 지 는 바 닷 - - 가 에 - 서 바

작곡가가 들려주는 이야기

바닷가를 거니는 시인의 쓸쓸한 마음을 생각하며 만든 노래입니다. 라장조, 4분의 4박자, 24마디로 된 세도막 형식의 악곡이 그것입니다.

부모님과 함께 노을 지는 바닷가를 천천히 걸어보세요. 친구를 그리는 간절한 마음으로 노래 불러보아요. 그러노라면 시인의 마음을 이해할 수 있을 것입니다.

손나발을 불면

친구가 그리우면 손나발을 불지요.
그립다 말을 하면 될 것을
무엇이 쑥스러워 말은 못하고
손나발을 만들어 그리움을 달래지요.
봄 하고 불면 봄이 오고요, 야 하고 불면 친구가 달려 와요.

손나발을 불면

성선경 작사 | 서영수 작곡

악곡의 특징

- **조성** : 다장조 **박자** : 8분의 6박자 **빠르기** : 보통 빠르게 **악곡의 형식** : 16마디로 된 두도막 형식

작곡가가 들려주는 이야기

시인은 친구가 몹시 그리운 모양입니다. 손나발을 불면서 쓸쓸한 마음을 달래는 것을 보니 말입니다. 그런데 담장 밑의 개나리는 어떻게 알았을까요. '봄 ~ '하고 부는 손나발 소리에 노란 꽃을 피워 봄을 데려 옵니다. '동무'하고 외치면 다정한 친구가 달려오겠지요.

다장조, 8분의 6박자, 16마디로 된 두도막 형식의 악곡입니다. 8분음표를 한 박자로 하여 천천히 노래 부르노라면 여러분도 시인이 될 것입니다.

신발 한 짝

내 가장 친한 친구가 전학을 가버렸어요.
공부도 잘하고 운동도 잘하던 내 단짝 친구.
나는 혼자 외로워 어쩔 줄을 몰라요.
친구들은 다 집으로 돌아가고
혼자 남은 토요일 빈 운동장 같아요.

신발 한 짝

성선경 작사 | 서영수 작곡

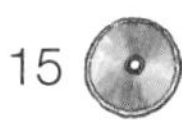

악곡의 특징

· 조성 : 내림나장조　·박자 : 4분의 4박자　·빠르기 : 조금 느리게　·악곡의 형식 : 24마디로 된 세도막 형식

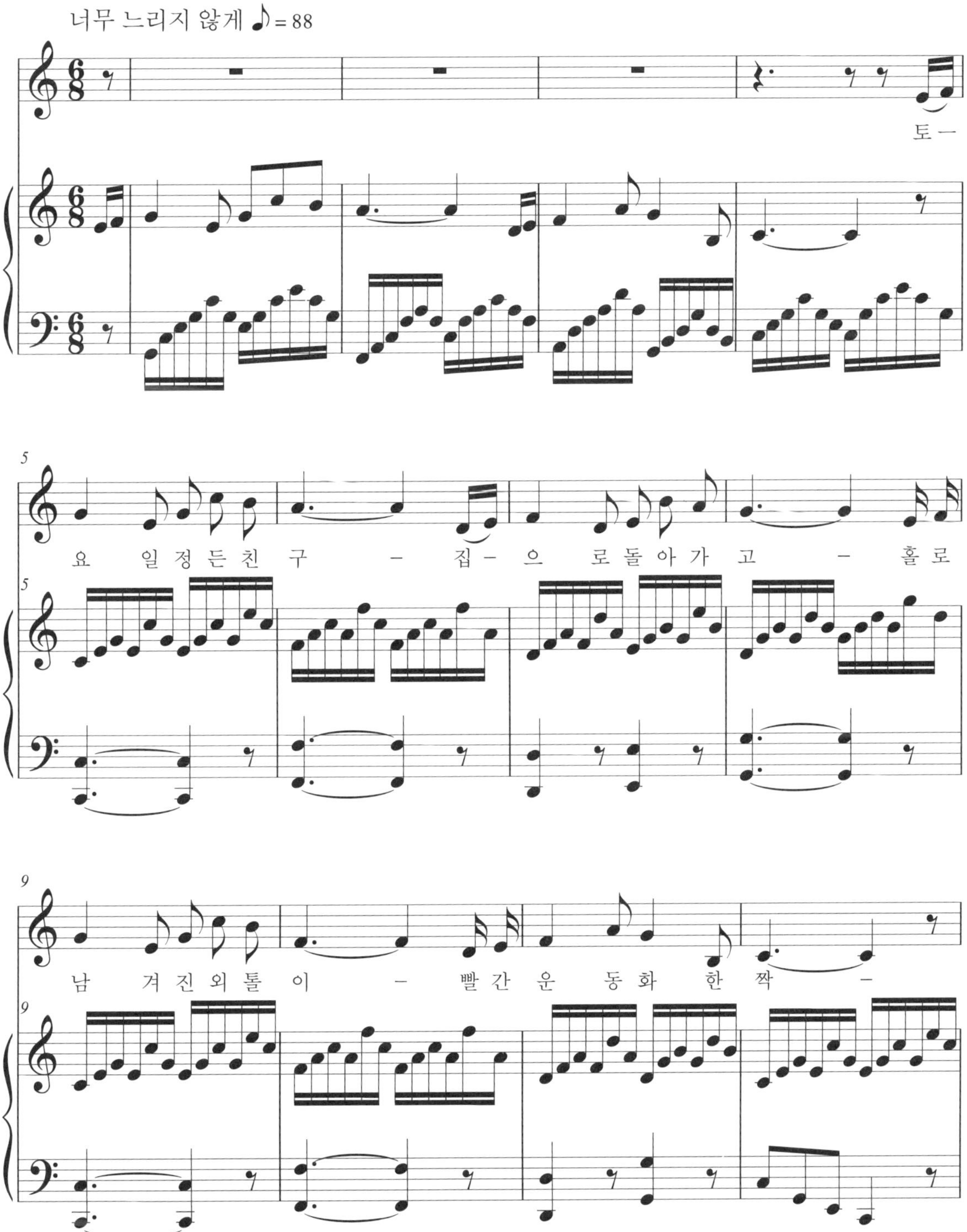

어쩌다가 혼자남은 빨간운동화한짝 —
운동장에 나—가서 공—도못 차—고 — 신발
장 에혼자남아 — 쭈그리 고앉은신발 — 홀로

작곡가가 들려주는 이야기

신발장에서 나뒹구는 신발 한 짝! 친구들과 어울리지 못하는 외톨이를 나타낸 것이라 생각했습니다. 가락은 그런 친구의 아픈 마음을 대신하여 알려주고 있습니다.

내 주변에는 왕따를 당한 친구가 없겠지요? 물론 그래서는 안 되겠지만 외톨이 친구가 있다면 손을 잡아 주세요. 공도 차고, 달리기도 하고, 노래도 같이 불러보세요. 아마도 기뻐할 것입니다.

다장조, 8분의 6박자, 24마디로 된 세도막 형식의 악곡입니다.

쑥국

쑥은 쑥쑥 자라서 쑥이라고 부르는지 몰라요.
봄날이 와서 쑥 한 바구니를 캐 가면
어머니는 그 쑥으로 쑥국을 끓여요.
너도 얼른 자라서 큰 사람이 되라고
한 그릇을 먹고 나면 또 한 그릇을 주지요.

쑥국

성선경 작사 | 서영수 작곡

악곡의 특징

· 조성 : 다장조   · 박자 : 4분의 4박자   · 빠르기 : 보통 빠르게   · 악곡의 형식 : 16마디로 된 두도막 형식

Moderato

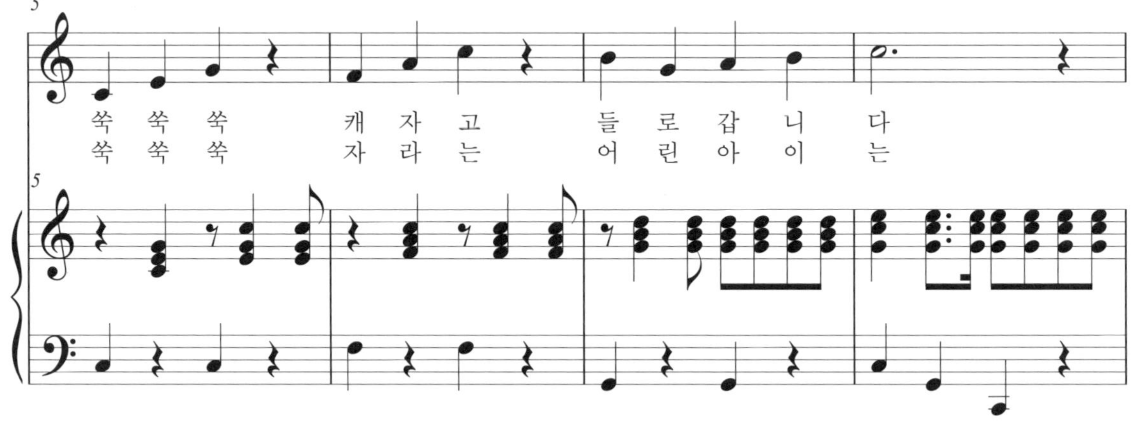

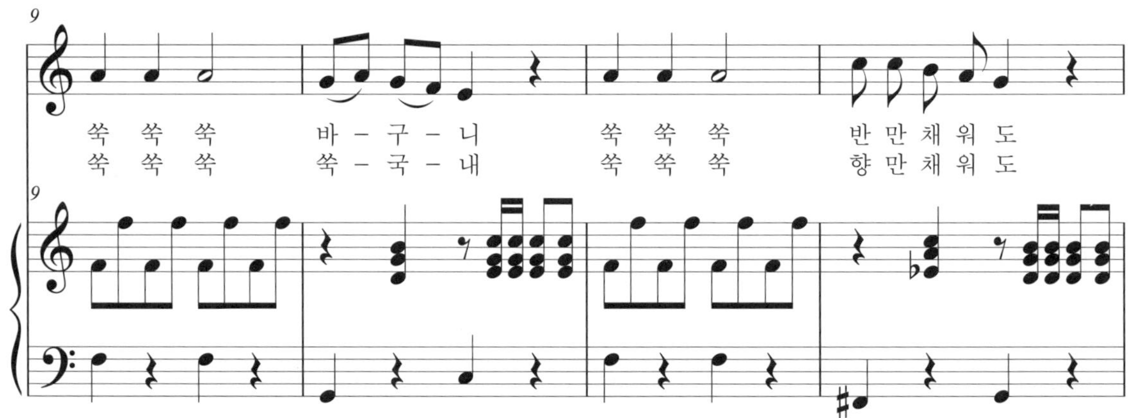

작곡가가 들려주는 이야기

'쑥쑥쑥' 쑥이 자랍니다. 아이가 자라고, 꿈도 커갑니다. '도미솔 파라도'로 진행하는 '쑥쑥쑥' 가락은 앞으로 나아가는 효과를 표현한 것입니다. 전진과 발전, 희망 등을 나타낸 것이지요. 새 날, 새 학년, 새봄도 마찬가집니다.

다장조, 4분의 4박자, 16마디로 된 두도막 형식의 악곡입니다. 초등학교 저학년 생도 쉽게 부를 수 있도록 가락과 리듬을 단순화시켰습니다.

아침

아침을 깨우는 건 무엇일까요?
동쪽 하늘에 해를 떠올리는 것은 무엇일까요?
나는 닭들이 아침을 깨운다고 생각해요
꼬끼오, 꼬끼오, 꽃이요! 하면
땅 속에서 꽃들이 피어나듯이 아침 해가 떠오른다고 생각해요.

아침

성선경 작사 | 서영수 작곡

악곡의 특징
- **조성** : 다장조 · **박자** : 4분의 3박자 · **빠르기** : 느리게 · **악곡의 형식** : 15마디로 된 벗어난 작은 세도막 형식

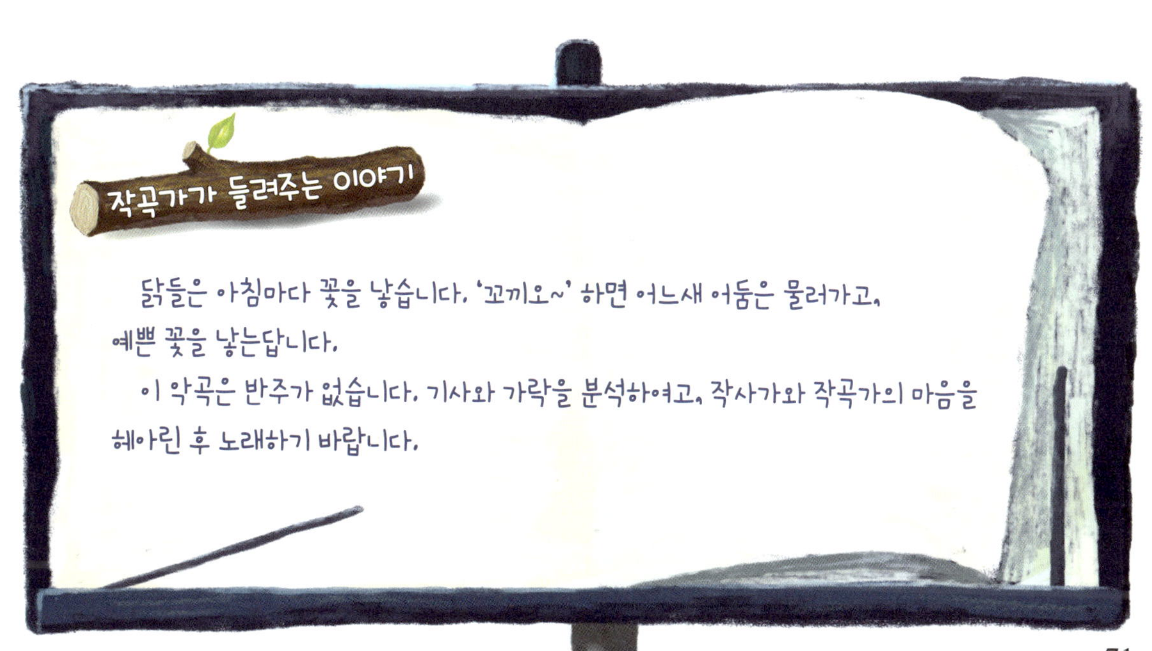

아침 참새

아침 참새는 아침 햇살 같아요.
포로롱 포로롱 날아다니며
아침을 쪼아 먹는 날갯짓이 꽃씨를 나르는 것 같아요
꽃씨를 심어 아침을 깨우는 것 같아요.
아침을 꽃처럼 피어나게 하는 것 같아요.

아침 참새

악곡의 특징
- **조성** : 다장조　•**박자** : 4분의 4박자　•**빠르기** : 조금 빠르게　•**악곡의 형식** : 16마디로 된 두도막 형식

작곡가가 들려주는 이야기

'포로롱 포로롱' 나는 참새의 날개 짓이 예쁩니다. 가을들판에서 모이를 쪼는 귀여운 참새, 아침 햇살을 비집고 힘차게 나는 모습을 잘 표현했으면 좋겠습니다.
다장조, 4분의 4박자, 16마디에 의한 두도막 형식의 악곡입니다.

연못에는

연못에는 우리들의 꿈이 있지요.
물에 비친 내 얼굴도 비춰보고요,
소금쟁이와 물장난도 치고요,
해가 비치는 거울반사에 눈도 맞추고요,
물방개가 그리는 동심원을 헤기도 하지요.

18

연못에는

성선경 작사 | 서영수 작곡

악곡의 특징 
· **조성** : 다장조　· **박자** : 4분의 4박자　· **빠르기** : 보통 빠르게　· **악곡의 형식** : 8마디로 된 한도막 형식

Moderato

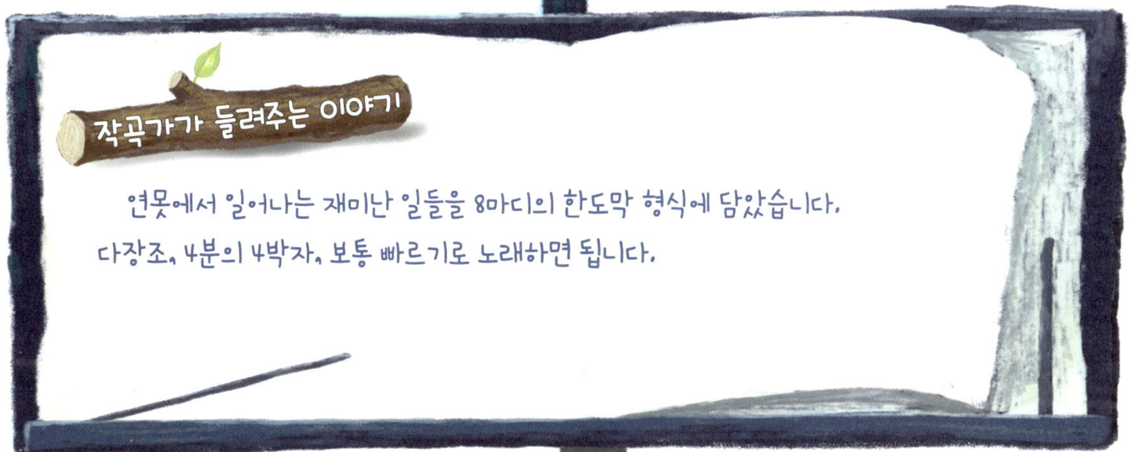

연못에서 일어나는 재미난 일들을 8마디의 한도막 형식에 담았습니다.
다장조, 4분의 4박자, 보통 빠르기로 노래하면 됩니다.

오줌싸개 까마귀

우리 어릴 적 별명은 다 오줌싸개였지요.
이불에다 세계지도를 그려놓으면
오줌을 지린 아이들보다 엄마가 더 창피해 했지요.
키를 씌워 옆집으로 소금 얻으려 가는 일
너무 창피해서 투명인간이 되었으면 했지요.

19

오줌싸개 까마귀

성선경 작사 | 서영수 작곡

악곡의 특징
- 조성 : 다장조　- 박자 : 4분의 4박자　- 빠르기 : 보통 빠르게　- 악곡의 형식 : 16마디로 된 두도막 형식

　　키를 쓰고, 소금을 얻으러 다니는 자신을 상상해 보셨나요. 끔찍하지 않으세요? 지금은 볼 수 없는 광경이지만 선생님이 어렸을 때만 해도 흔히 만날 수 있는 풍경이었습니다. 선생님도 실례(?)를 한 날이면 이불 속에서 옷을 말렸습니다. 어머니 모르게 이불을 살짝 개어 놓았던 일도 생각납니다.

　　밤에 오줌을 싸는 것은 몸이 허약해 일어나는 현상입니다. 그런데 당시에는 몸에 나쁜 기운이 있어 오줌을 싼다고 생각했습니다. 집집마다 어려운 살림살이라 좋은 약을 먹을 수 없고, 영양가가 높은 음식으로 치료하지도 못했습니다. 오히려 짠 소금을 통해 건강을 되찾아 주어야 한다는 생각과 충격요법이 합쳐져서 「오줌싸개 까마귀」로 나타났습니다.

　　다장조, 4분의 4박자, 16마디로 된 두도막 형식의 악곡입니다. 가사에 나타난 유머를 잘 표현하는 것이 노래를 잘 부르는 것이랍니다.

웃음꽃

아름답고 예쁜 것들은 모두 둥근 모습이지요.
꽃들도 동그랗게 피어나고요
새들의 모든 알들도 동그랗지요.
웃음도 동그랗고 볼보조개도 동그랗지요.
예쁘고 아름다운 것은 다 동심원을 그려요.

20

웃음꽃

성선경 작사 | 서영수 작곡

악곡의 특징

· **조성** : 사장조　· **박자** : 4분의 4박자　· **빠르기** : 보통 빠르게　· **악곡의 형식** : 24마디로 된 세도막 형식

Moderato

연 못에다풍 덩 돌 을던지면 개 구 리웃 음 동 글 동 글
엄 마하고깜 짝 불 러보면은 엄 마의얼 굴 동 글 동 글

둥 근 웃 음 피 어 동 심 원 그 려 동 글 동 글 동 글 동 ─ 글
둥 근 웃 음 피 어 파 문 이 일 어 동 글 동 글 동 글 동 ─ 글

동 심 원 을 그 려 웃 음 꽃 피 어 동 심 원 을 그 려 웃 음 꽃 피 어
미 소 짓 는 얼 굴 동 심 원 그 려 미 소 짓 는 얼 굴 동 심 원 그 려

작곡가가 들려주는 이야기

세상에는 여러 가지 모양이 존재하지만 둥근 것이 너무나 많습니다. 지구가 둥글고, 달이 둥글고, 태양이 둥급니다. 접시도 둥글고, 사과도, 꽃들도 둥급니다. 그러고 보니 연못의 파문도 동심원을 그리며 퍼져갑니다.

사장조, 4분의 4박자, 24마디로 된 세도막 형식의 악곡입니다. 친구들과 모나지 않고, 둥글둥글하게 지내면 좋겠습니다. 웃음꽃을 만발하게 피워 세상을 아름답게 만들어 주었으면 좋겠습니다.

월요일

토요일이 즐거운 건 아이들만 아니죠.
월요일이 싫은 건 어른들만 아니죠.
일요일의 늦잠이 달콤하듯이
월요일의 아침 해는 밉기만 하죠.
숙제를 못해가는 월요일 아침은 정신이 없죠.

월요일

악곡의 특징
· 조성 : 다장조   · 박자 : 4분의 2박자   · 빠르기 : 조금 빠르게   · 악곡의 형식 : 16마디로 된 두도막 형식

Allegretto
나 팔꽃 이 눈 을 뜨 는 아 침 이 오 면
남 들 보 다 늦 은 아 침 학 교 에 가 면

자 명 종 이 따 르 르 릉 소 리 쳐 울 어
친 구 들 은 먼 저 와 서 공 부 를 하 고

아 침 해 는 바 쁘 다 고 높 이 도 떠 서
선 생 님 은 숙 제 검 사 칠 판 에 적 네

작곡가가 들려주는 이야기

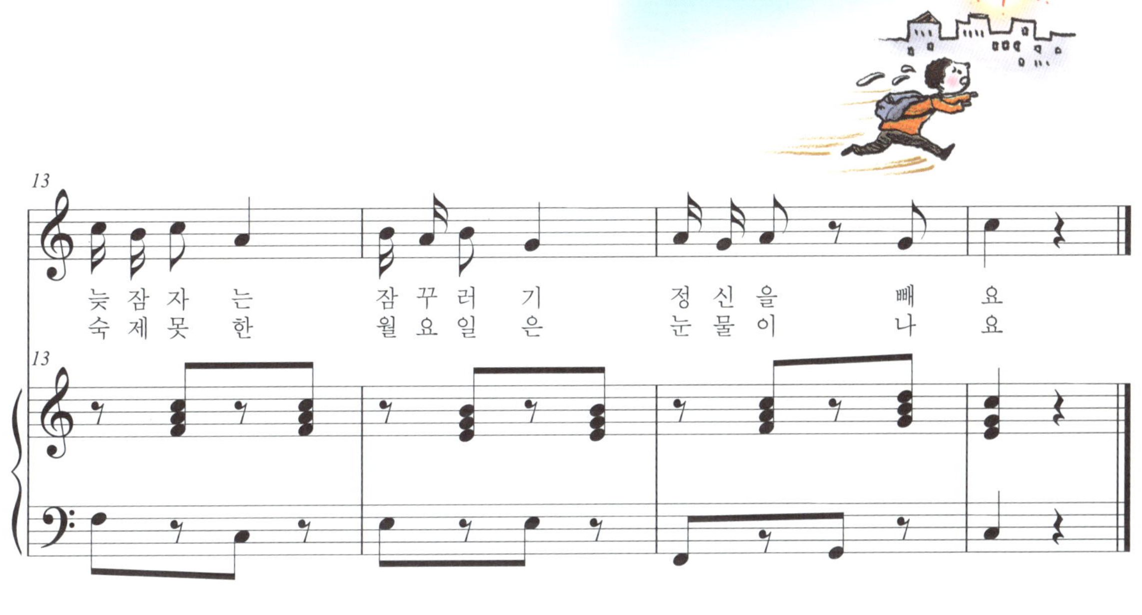

잠꾸러기의 아침을 재미있고, 긴박하게 표현했습니다. 음역이 넓지 않고, 까다로운 리듬이 없어 초등학교 저학년생도 쉽게 부를 수 있답니다. 이 노래를 부르는 어린이는 잠꾸러기가 아니겠지요?

다장조, 4분의 2박자, 16마디로 된 두도막 형식의 악곡입니다.

은행나무는

은행나무는 은행나무는 그 이름처럼 노란 저금통
황금빛 황금빛 돼지 저금통
바람이 살랑살랑 흔들어보면
딸랑딸랑 동전소리 울리는 돼지 저금통
노란 은행나무는 딸랑딸랑 금돈이 가득.

은행나무는

성선경 작사 | 서영수 작곡

악곡의 특징
- **조성** : 내림나장조 **박자** : 4분의 4박자 **빠르기** : 보통 빠르게 **악곡의 형식** : 24마디로 된 세도막 형식

한 닢 두 닢 모 아 서 금 돈 이 가 득
봄 과 여 름 땀 흘 린 품 삯 을 모 아

풍 성 한 가 을 을 — 어 서 맞 이 하 라 고
찬 바 람 추 운 겨 울 어 서 준 비 하 라 고

가 을 같 은 평 화 통 — 일 맞 이 하 — 라 — 고
따 — 뜻 한 평 화 통 — 일 맞 이 하 — 라 — 고

작곡가가 들려주는 이야기

민주평화통일자문회의에서 주최한 제1회 평화통일동요공모전에서 동상을 수상했던 곡입니다. 당시에 노래를 불렀던 어린이는 벌써 대학생이 되었답니다.

통일은 생각만큼 쉽지 않을 수 있습니다. 생각도 다르지만 막대한 비용은 상상을 초월하니까요. 그런데 시인은 가을의 은행나무에서 그 대안을 찾았습니다. 노랗게 물든 은행잎을 금돈에 비유했으니 도깨비에게 요술방망이라도 빌려온 셈이지요.

내림나장조, 4분의 4박자, 24마디로 된 세도막 형식의 악곡입니다. 평화통일을 기원하는 마음으로 노래 불렀으면 좋겠습니다.

청개구리

청개구리는 청개구리는 청개구리
앞으로 가라 하면 뒤로돌아 가고요
왼쪽으로 가라면 오른쪽으로 가지요.
너 왜 말썽이냐 호통을 치면
이리저리 피해 다니며 눈알만 동글동글.

청개구리

성선경 작사 | 서영수 작곡

악곡의 특징
· **조성** : 내림나장조 · **박자** : 4분의 2박자 · **빠르기** : 조금 빠르게 · **악곡의 형식** : 겹 두도막 형식

입 을 틀 어 막 으 면
입 을 틀 어 막 으 면

이 연 잎 저 기 연 잎
이 풀 잎 저 기 풀 잎

뛰 어 다 니 며 파 랑
뛰 어 다 니 며 퐁 당

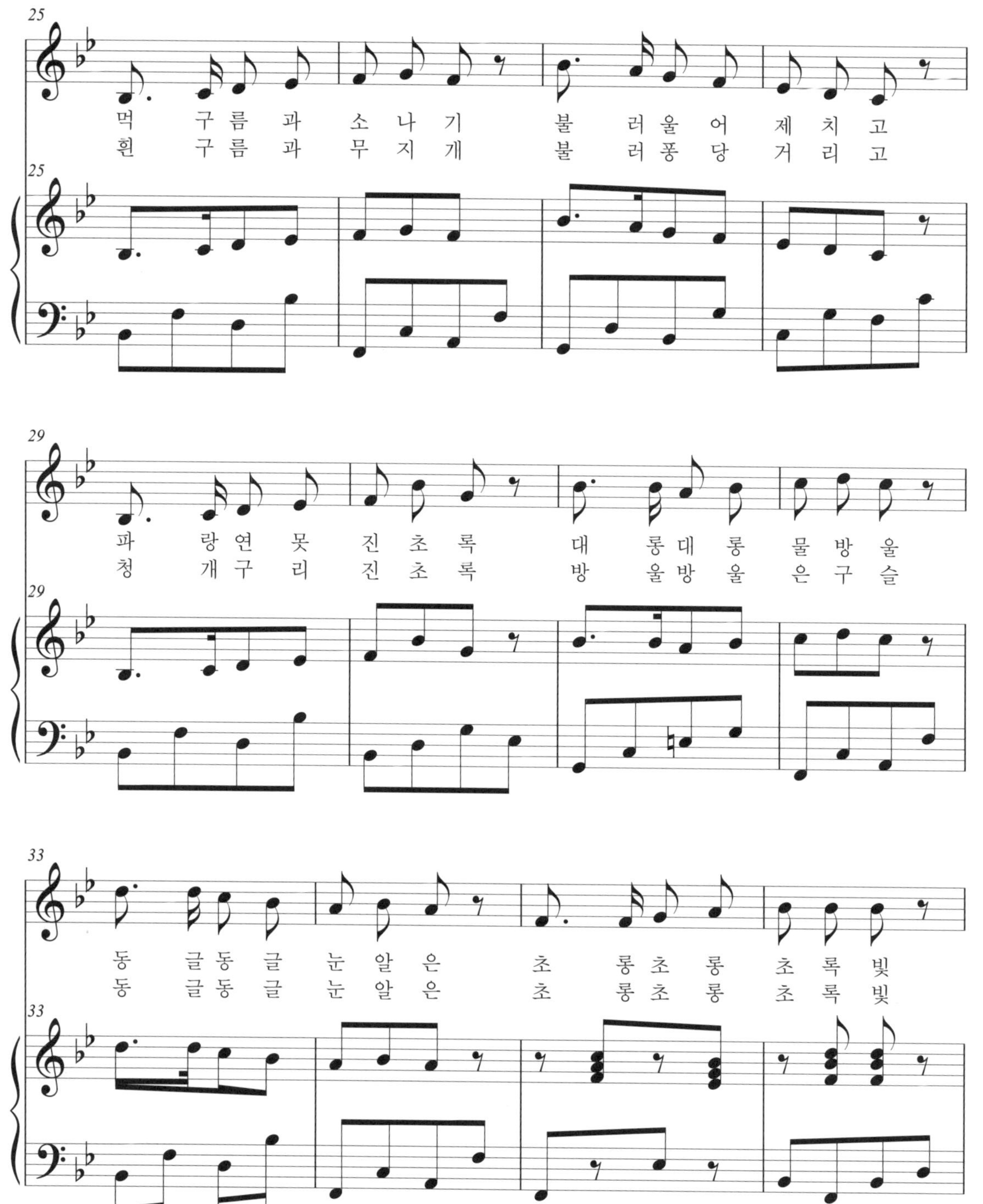

먹 구름과 소나기 불 러울어 제치고
흰 구름과 무지게 불 러퐁당 거리고

파 랑연못 진초록 대 롱대롱 물방울
청 개구리 진초록 방 울방울 은구슬

동 글동글 눈알은 초 롱초롱 초록빛
동 글동글 눈알은 초 롱초롱 초록빛

98

작곡가가 들려주는 이야기

연못에서 뛰어노는 청개구리를 보셨나요. 그 개구쟁이를 주인공으로 하여 노래를 만들었습니다.

내림나장조, 4분의 2박자, 32마디의 겹두도막 형식의 악곡입니다. 짧은 음을 사용한 까닭에 리듬이 리드미컬합니다. 귀여운 청개구리를 생각하며 즐거운 마음으로 노래 불렀으면 좋겠습니다.

풀밭의 독서

야외수업시간 우리는 풀밭 위에서 꿈을 꾸지요.
책장은 바람이 넘겨주고요, 책은 풀꽃들이 읽어주지요.
그러면 동화 속의 주인공들이 피리를 불며 지나가고요,
나도 간혹 동화 속의 주인공이 되기도 하지요.
낯선 나라의 왕자님이 되기도 하고
마법의 성에 갇힌 공주님을 구하기도 하지요.
민들레, 민들레 하면
민들레 홀씨를 타고 먼 나라로 날아가기도 하고요,
맨드라미, 맨드라미 하고 부르면
마법처럼 백마를 탄 왕자님이 나타나기도 하지요.

악곡의 특징

· 조성 : 다장조　· 박자 : 4분의 4박자　· 빠르기 : 보통 빠르게　· 악곡의 형식 : 24마디로 된 세도막 형식

낮 선 나 라 신 기 한 애 기 꽃 이 야 기 펼 쳐 놓 아 요
낮 선 나 라 신 비 론 애 기 꽃 이 야 기 펼 쳐 놓 아 요
누 가 누 가 동 화 책 을 몰 래 읽 는 가 봐 요
누 가 누 가 동 화 책 을 몰 래 읽 는 가 봐 요
휘 리 릭 휘 리 릭 지 나 가 는 바 람 책 장 을 넘 겨 다 음 애 기
이 야 오 이 야 오 아 이 들 의 노 래 책 장 에 담 겨 다 음 노 래

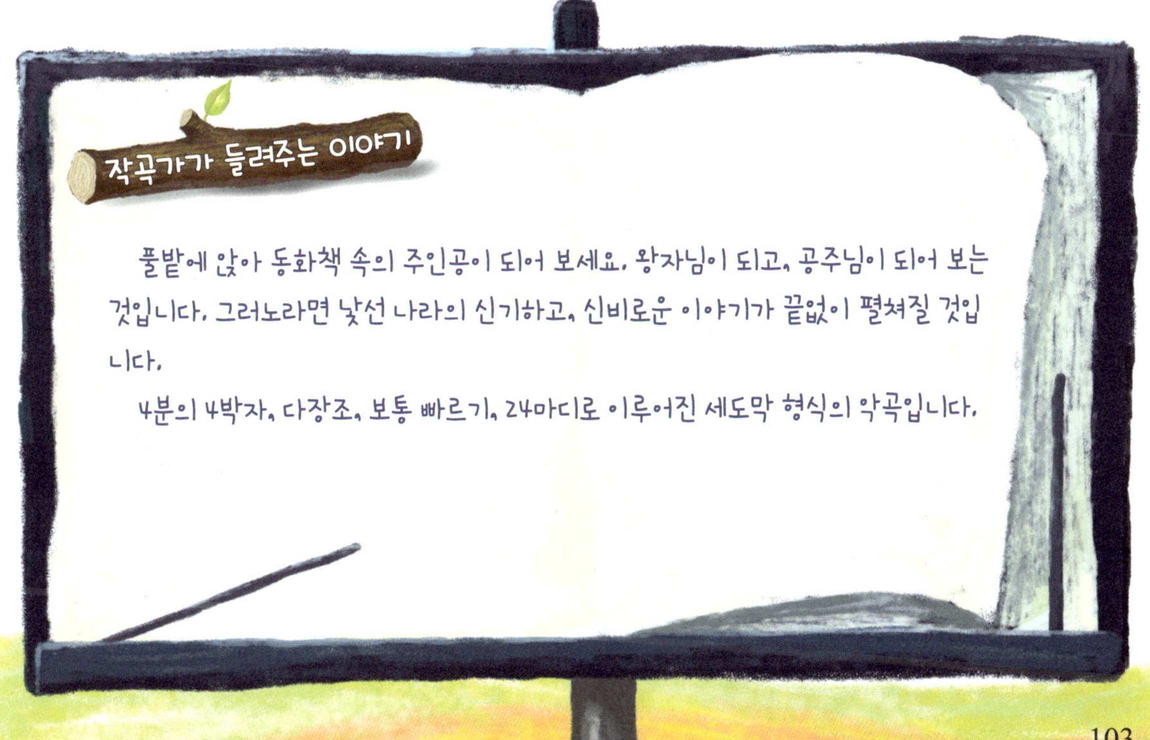

풀밭에 앉아 동화책 속의 주인공이 되어 보세요. 왕자님이 되고, 공주님이 되어 보는 것입니다. 그러노라면 낯선 나라의 신기하고, 신비로운 이야기가 끝없이 펼쳐질 것입니다.

4분의 4박자, 다장조, 보통 빠르기, 24마디로 이루어진 세도막 형식의 악곡입니다.

할머니의 강아지

할머니가 제일 사랑하는 것은 우리들인데
사랑한다 하는 말이 강아지지요,
할머니는 사랑한다는 말을 모르나 봐요.
다 큰 형도 강아지, 나도 강아지
예쁘다는 말도 모르나 봐요.

25

할머니의 강아지

성선경 작사 │ 서영수 작곡

악곡의 특징
· **조성** : 다장조 · **박자** : 4분의 4박자 · **빠르기** : 보통 빠르게 · **악곡의 형식** : 8마디로 된 한도막 형식

Moderato

　　유치원생이나 초등학교 저학년을 위한 노래입니다. 악곡은 대부분 4분음표를 사용했으며, 1옥타브 안에서 노래할 수 있도록 만들었습니다. 피아노 반주는 단순하게 붙였습니다.

　　손자, 손녀를 강아지라 부르는 할머니의 마음을 헤아릴 수 있을까요.

　　할머니를 생각하면서 노래 불렀으면 좋겠습니다. 빠르기에 대해서는 고민하지 마세요. 편하게 부를 수 있는 속도라면 무엇이든 좋습니다.

해바라기

아침 해가 뜨는 것은 해바라기 때문
해바라기가 해를 보고 오서오라고 손짓하기 때문
사랑은 언제나 낮은 곳으로 흐르는 물과 같아서
아침 해가 뜨는 것은 해바라기 때문
해바라기가 보고파서 해가 뜨지요.

26

해바라기

성선경 작사 | 서영수 작곡

악곡의 특징
- **조성** : 내림나장조 · **박자** : 4분의 3박자 · **빠르기** : 보통 빠르게 · **악곡의 형식** : 40마디로 된 벗어난 3부분 형식

Moderato

108

밤 바 다 의   물 별 결 이이
밤 하 늘 의   별 들 이

반 — 짝 이 는 것 은 — 어 뭉
반 — 짝 이 는 것 은 — 어 뭉

서 오 라 름 등 지 대 나 불 이 며 비 하
개 구 름 지 대 나 가 며 하

추 는 것 처 럼 해
늘 을 닦 듯 이 하
바 라 기 꽃 송 이 비
늘 나 라 해 님 의 행
추 기 때 문
주 질 덕 분

작곡가가 들려주는 이야기

　　시인은 말합니다. 아침 해가 뜨는 것은 오서오라 손짓하는 해바라기 때문이라고.
내림나장조, 4분의 3박자, 40마디의 벗어난 3부분 형식의 악곡입니다. 악보를 보면
다소 긴 듯하지만 실제로 노래를 불러보면 조금도 길지 않습니다. 해바라기의 환한
웃음처럼 노래하기 바랍니다. 그러노라면 세상이 환해질 것입니다.

어린이 창작 이야기 동요집

발행일 2016년 1월 11일

작 곡 서영수
작 시 성선경
그 림 조혜림
편 집 유경아
디자인 디자인디도
영 업 현석호
관 리 김정숙
발행인 최우진
발행처 (주)스코어
등 록 2012년 6월 7일 제 313-2012-196호
ISBN 979-11-5780-053-7
주 소 서울시 마포구 동교로 13길 34(121-896)
전 화 02)333-3705
팩 스 02)333-3745
www.allmu.co.kr
www.openhousebooks.com